N.T.

NARCISSE TORDOIR

Z.T.

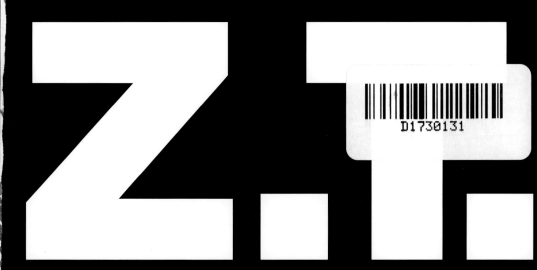

Voorwoord

Onze Zuiderburen erkennen hem allang als een van hun belangrijkste kunstenaars van de generatie die in de jaren '80 opkwam. Narcisse Tordoir (Mechelen 1954, woont in Antwerpen) maakte snel carrière: werd hij in de eerste helft van de jaren '80 als 'jonge kunstenaar' gepresenteerd - op groepstentoonstellingen met titels als *'Picturaal 1, Recente schilderkunst in Vlaanderen'* (1981), *'Jonge kunstenaars uit het Antwerpse'* (1983) en *'Jonge kunstenaars uit Vlaanderen'* (1984)-, meteen daarop volgde zijn erkenning als 'meesterkunstenaar'. In 1987 had Tordoir een overzichtstentoonstelling in het Paleis voor Schone Kunsten in Brussel, een jaar later was hij met Guillaume Bijl uitverkoren voor het Belgische paviljoen op de 43ste Biënnale van Venetië.

Ten onzent is zijn naam bekend binnen een kleiner kunstcircuit. Sinds 1983 wordt hij in Nederland vertegenwoordigd door, achtereenvolgens, Art & Project en galerie Milco Onrust. Tordoir doceert bovendien aan de Rijksakademie Amsterdam. Het wekt enige verbazing dat juist in een land met een sterke schilderkunstige traditie, waar, ondanks alle discussies over 'het einde van de schilderkunst', de vermeende achterhaaldheid van het medium en de aandacht voor nieuwe media en uitdrukkingsvormen, telkens weer blijkt hoe vitaal en veerkrachtig de schilderkunst is, dat men juist hier gereserveerd staat tegenover het werk van Tordoir. Hoe komt dat? Vinden we eigenlijk nog steeds dat de schilderkunst de arena is voor een gebarentaal, in de voetsporen van Karel Appel of Willem de Kooning? Bezien we de schilderkunst als het domein van de individuele expressie, een verhevigde staat van zijn die ons 'het licht doet zien'?
Feit is, dat een kritische schilderkunst, een schilderkunst die zelfreflexief is en eerder het denken dan de emoties probeert te moveren, minder gemakkelijk consumeerbaar is. Een brok in je keel hapt makkelijker weg dan een complexe probleemstelling.

Het werk van Narcisse Tordoir is glashelder en tegelijk uitermate complex. Dat werkt irritatie in de hand: het werk ligt dwars, figuurlijk gesproken. De elementen waaruit de schilderijen zijn opgebouwd, zijn stuk voor stuk duidelijk: pictogrammatische tekens, signaalkleuren, benoembare

Foreword

For a long time now our southern neighbours, the Belgians, have known him as one of the most important painters of the generation that emerged in the eighties. Narcisse Tordoir (Mechelen 1954, lives in Antwerp) has been quick to make a name for himself. In the early eighties he appeared in group exhibitions with titles such as *'Picturaal 1, Recent Painting in Flanders'* (1981), *'Young Artists from Antwerp'* (1983) and *'Young Artists from Flanders'* (1984); immediately afterwards he obtained recognition as a 'master artist'. In 1987 Tordoir had a retrospective exhibition in the Paleis voor Schone Kunsten in Brussels and the following year he and Guillaume Bijl were selected to represent Belgium at the 43rd Venice Biennale.

In our country his name is known in a much smaller art circuit. Since 1983 he has been represented in Holland respectively by Art & Project and Galerie Milco Onrust. Tordoir also teaches at the Rijksakademie in Amsterdam.
It is cause for some surprise that in a country with a strong tradition in painting like Holland, where painting has proved again and again that it is alive and kicking, despite all the discussions about 'the end of painting', the supposed passé character of the medium and all the excitement about new media and forms of expression - that there should be such reticence about the work of Tordoir here. Why is that so? Do we in fact still think that painting is the arena for a gestural language in the footsteps of Karel Appel or Willem de Kooning? Do we see painting as the domain of individual expression, an intensified state of being that enables us to 'see the light'?
The fact is that a critical painting, a painting that reflects on itself and aims to stimulate thought rather than emotions, is not so easily consumed. It is easier to swallow a lump in one's throat than to assimilate a problem stated in all its difficulty.

The work of Narcisse Tordoir is crystal clear and at the same time extremely complex. This can easily become exasperating: the work forms an obstacle metaphorically speaking. The elements of which his paintings are composed are without exception very clear: they consist of pictographic signs, explicit colours, objects that can be named - bottles, pieces of paint, skulls, mirrors, stretchers, etc -

objecten - flessen, plakken verf, schedels, spiegels, spieramen enz. - en herkenbare afbeeldingen, zoals foto's van het atelier. Niks is onherkenbaar gemaakt of verdoezeld; alles stelt zichzelf zonneklaar voor, je ziet wat je ziet. Het enige wat zich schuil houdt, waar je niet de vinger op kan leggen, is het raadsel zelf; de betekenis laat zich niet aanwijzen maar alleen via omtrekkende bewegingen zijn er glimpen van op te vangen.

De betekenis is niet letterlijk afleesbaar. De 'zin' van het werk ontstaat niet volgens de taalkundige principes van zinsbouw. Dat beeld en taal twee verschillende manieren, mogelijkerwijs systemen, zijn om de werkelijkheid mee in het vizier te krijgen - beter gezegd, dat ze zich op verschillende manieren tot de werkelijkheid verhouden - , heeft Tordoir in zijn werk tot 1993 uitdrukkelijk onderzocht. Want hoewel het werk tot dan toe gecomponeerd is volgens de regels van de taalopbouw, als zin, als rebus of als leesplank, blijkt dat de hiërarchie van de woordvolgorde die in zinnen de betekenis constitueert, voor beelden niet opgaat. Ook al zijn een aantal composities van Tordoir lineair opgezet en suggereren ze daarmee een 'talig' verloop, toch blijven het 'beelden' die verschillende benaderingen, verschillende kijkbewegingen toelaten.

In 1993 is er een omslag in zijn werk. Het betekent een overstap van een syntagmatische benadering naar een paradigmatisch onderzoek. Het gaat nu niet meer om de vraag hoe het kijken (als handeling) in zijn werk gaat en wat dat 'zegt' èn verzwijgt, maar het gaat nu veel meer nog om de mentale beweging van het kijken, om het beeld als metafoor. Het huidige werk is een 'schouwspel van de blik'. Met een gedistancieerd oog - letterlijk, via de fotocamera - kijkt Tordoir naar waar hij middenin zit, waar hij geen afstand van kan nemen: zijn werk, zijn atelier, zijn huis, zijn kind, de schilderkunst. Wat te nabij is, wordt onscherp. Emotionaliteit betekent verlies aan perspectief. Tordoir compenseert dit door zich de distantie van de reflectie te scheppen, wat als het ware een omgekeerd perspectief is: er wordt niet naar buiten, maar naar binnen geschouwd.

Opnieuw wordt, verrassenderwijs, de verf opgevoerd... als presentie, niet als representatie... Als vitale aanwezigheid.

'Vive la Peinture' zou oorspronkelijk de titel zijn van de tentoonstelling. De vormgevers van de

and recognizable scenes, such as photos of the artist's studio. The only thing that lurks hidden here, that you cannot put a finger on, is the riddle itself; the meaning resists being identified; only via circuitous movements can one catch a glimpse of it. The meaning cannot be read literally. The 'meaning' of the work does not come about through the linguistic principles of sentence structure.

In his work prior to 1993 Tordoir has made a specific enquiry into the fact that image and language are two different ways, perhaps even systems, of zooming in on reality - or better, that they relate to reality in different ways. Even though his work up till then was composed according to the rules of syntax, as a sentence, a rebus or as a reading primer, the hierarchy of the order of words constituting meaning in the sentences turned out not to be applicable to images. Even though there are a number of paintings with a linear organization that suggest a 'linguistic' development, even so they remain 'images' that allow for various approaches and shifting viewpoints.

In 1993 his work took a radical turn, representing a transition from a syntagmatic approach to a paradigmatic enquiry. The question in his work of how viewing (as an activity) occurs and what it 'says' (or is silent about) ceases to be paramount; he is much more concerned now with the mental movement of seeing, of the image as a metaphor. Tordoir's current work is a 'spectacle of the glance'. With an eye that is distanced - quite literally, through a camera - Tordoir looks at places that he is central to, that he cannot distance himself from - his work, his studio, his child, the work of painting. That which is too close falls out of focus. Emotionality means a loss of perspective. Tordoir compensates for this by creating the distance of reflection that is as it were a reverse perspective: one does not gaze outwards but within. In astonishing fashion, paint appears on the scene once more... as presence, not as representation... As a vital act of being there.

The original title for the exhibition was to have been 'Vive la Peinture'. The designers however came up with such a superb concept for the cover of the catalogue that we adopted their suggestion of calling it 'N.T.Z.T'. It is an overview of twenty years of Narcisse Tordoir's work, compiled and approved of by himself and the present writer.

catalogus kwamen echter met zo'n prachtig omslagontwerp dat we hun voorstel overnamen en de tentoonstelling nu *'N.T.Z.T.'* heet.

Het is een overzicht van twintig jaar werk van Narcisse Tordoir, door hemzelf en ondergetekende samengesteld. Een overzicht van de intensieve betrokkenheid van een kunstenaar bij een door traditie en vernieuwing continu getergde (of zo men wil, verrijkte) kunstvorm. We hopen dat de presentatie van het werk van Tordoir een bijdrage betekent aan de discussie over, en de herijking van de schilderkunst.

An overview of an artist's profound commitment to a form of art that is constantly goaded (enriched, if you prefer) by tradition and by renewal. We hope that this presentation of the work of Tordoir will mean a contribution to the discussion about painting and the reappraisal of the same.

Marja Bosma
conservator moderne kunst
Centraal Museum

curator modern art

Narcisse Tordoir en het
'personage, zijnde de valkuil van mijn ik'

Ik herinner me een schilderij van Narcisse Tordoir dat ik bij Art & Project heb gezien in Amsterdam. Het was begin jaren tachtig en het gesprek ging over Jonge Wilden, over een Transavantgarde van Jonge Italianen en een Honger naar Beelden bij Jonge Duitsers. Op dat schilderij van Narcisse Tordoir waren twee zwarte figuren afgebeeld, twee meisjes die tegen elkaar in renden. Eén meisje had vlechten, het andere niet. Het leken twee poppen uit de negentiende eeuw met lange jurken aan. Tussen de figuren in waren bundels strepen geschilderd in rood, groen en geel. De zwarte contouren van de meisjes deden me aan uitgeknipte silhouetfiguren denken of aan schaduwbeelden die je op een scherm kunt maken door je handen in een bepaalde stand voor een projector te houden. Het vreemde aan het schilderij was hoe de meisjes op het vlak tegen elkaar in renden en hoe dat betekenis kreeg door het schilderij te associëren met de voorloper van de film, zo'n carroussel die als een lampenkap rondom een centrale lichtbron draait waardoor een fotosequentie à la Muybridge tot leven komt. In dat verband begreep ik ook de geschilderde strepen als stralenbundels van projectors, een verwijzing naar de schilderkunst als een lichtbron die in de grot van Plato de dingen als een schaduw op de wand tovert.
Herinnering is selectief, de vorm waaronder ze zichtbaar wordt, is gekleurd. Dat bleek me onlangs toen ik mijn geheugen wilde opfrissen en in een catalogus een plaatje van het werk opzocht. Ik had het formaat klein ingeschat, als een soort negatief in de lijn van mijn associatie met film en fotografie. In werkelijkheid meet het schilderij tweeëneenhalf bij vier meter. Het schilderij blijkt bij mijn interview met Narcisse Tordoir ook als een herinnering te zijn gemaakt. De aanleiding is een plaatje uit zijn jeugd. Bij mijn bezoek aan zijn huis als voorbereiding op dit artikel liet hij me een koffiekopje zien uit het servies van zijn grootmoeder waarop de twee meisjes rondrennen. Ze zien elkaar niet door de bocht van het kopje en wij zien hen ook niet tegelijk. Herinnering, de weergave van een ruimte/tijd dimensie in het platte vlak, de relatie met fotografie en film, het zijn cruciale thema's van de schilderkunst van de twintigste eeuw die over zichzelf reflecteert. De geschilderde lijnenbundels die uitgaan van een punt en die ik associeerde met

Narcisse Tordoir:
the 'person as the trap of myself'

I remember a painting by Narcisse Tordoir that I saw in Art & Project in Amsterdam. It was in the early eighties and discussion in art circles was all about the Neue Wilden, about a Transavantgarde of young Italian artists and about young German painters with a 'Hunger nach Bildern'. In Narcisse Tordoir's painting two black figures were depicted, two girls running into each other. One had plaits, the other didn't. They looked like two nineteenth century dolls with long dresses. Between the figures were rows of stripes painted red, green and yellow. The black outlines of the girls made me think of cutout silhouettes or the shadow images you can make on a screen by holding your hands in certain positions in front of a projector. The strange thing about the painting was the way that the girls ran into each other and how that acquired a significance if one associated the painting with the precursor of moving pictures, a revolving machine turning round a central light like a lampshade, bringing a sequence of photos to life à la Muybridge. With that idea in mind I also thought of the painted stripes as beams of light from projectors, an allusion to painting as a source of light that conjures things up like shadows on the wall in Plato's cave. Memory is selective; it colours the form in which it becomes visible. I realized this recently when I wanted to refresh my memory and looked for a reproduction of the work in a catalogue. I had recalled it as being small, like a sort of negative in keeping with my associations with film and photography. In reality the painting is two and a half by four metres. When I interviewed Narcisse Tordoir he informed me that the painting had also been made as a memory. The occasion was a picture from his childhood. When I visited him at home prior to writing this article, he showed me a coffee cup from his grandmother's set with two girls running round it. They can't see each other because of the curve in the cup; nor can we see them both simultaneously either. Memory, the representation of a space/time dimension on the flat surface and the relation with photography and film - these have been crucial themes for that twentieth century painting that is concerned with reflecting on itself. The painted stripes that start out from in a single point that I associated with the rays of a projector as a metaphor for painting, were apparently

de straling vanuit een projectielamp als metafoor voor de schilderkunst, blijken hun herkomst te hebben in zenuwbanen die uitgaan van een knooppunt. Dat beeld was voor Tordoir destijds een metafoor voor het schilderen, voor de handeling van de schilder die uitgaande van een nonfiguratieve schilderkunst een afbeelding wil maken. Na de Fundamentele Schilderkunst en de Franse versie daarvan, Support/Surface, wilde Tordoir niet langer schilderen als doel in zichzelf maar het schilderen gebruiken als een middel om tot een beeld te geraken. De persoonlijke toets wilde hij daarbij vermijden, die leidde alleen maar af van het beeld. Het schilderij met de twee rennende meisjes vormt het sluitstuk van deze overzichtstentoonstelling in het Centraal Museum. Tordoir heeft het daar samengebracht met een werk dat hij zes jaar eerder heeft gemaakt, in 1976. Daarin onderzoekt hij wat de verschillen en overeenkomsten zijn tussen werkelijke objecten die tegen de wand leunen en dezelfde vormen, geschilderd op doek. Het doek hangt los tegen de muur, het is geplooid als een tafelkleed waardoor duidelijk wordt dat het in opgevouwen toestand wordt bewaard. De combinatie van voorwerpen met hun afbeelding en de plaatsing op één lijn tot een reeks krijgt betekenis in een analogie met taal. Zelfstandig naamwoorden verhouden zich op een overeenkomstige manier tot de dingen die ze benoemen en door de onderlinge positie van de woorden in een zin, de syntaxis, ontstaat betekenis. Het rebusachtige karakter en de analogie met taal zouden een wezenlijk aspect van het werk van Tordoir gaan worden.

In zijn oeuvre onderzoekt Tordoir vanaf 1976 welke relatie het beeld onderhoudt met de zichtbare werkelijkheid bij het ontstaan van betekenis, een relatie die hij vergelijkt met de relatie tussen de woorden en de dingen. In dat onderzoek sluit hij zich aan bij een Belgische traditie met kunstenaars als Magritte en Broodthaers. In een essay dat in 1994 werd gepubliceerd in een catalogus van het werk vanaf 1987, gaat wijlen professor Johan Vanbergen uitgebreid in op de taalfilosofische aspecten in het werk van Tordoir. Allereerst stelt hij voor om Tordoirs geïsoleerde objectfiguren te beschouwen als een soort nadrukkelijke woorden met een zuiver aanwijzend karakter. 'De figuren hebben de absolute helderheid van woordconcepten: door ze gewoon een naam te geven lijkt hun betekenis uitgeput.' Vervolgens geeft hij, in het voetspoor van Tordoir in een werk bijvoorbeeld

inspired by nerve fibres that also branch out from a central point. At the time the image was a metaphor of painting for Tordoir, for the process a painter must undergo who wants to depict something but who has non-figurative painting as his departure point. After Fundamental Painting and its French variant, Support/Surface, Tordoir was no longer interested in painting as an end in itself; instead he aimed to use it as a means to arrive at an image. In this way he hoped to avoid the personal touch, because that only distracted one from the image.

The painting with the two girls running is the final work in this retrospective exhibition in the Centraal Museum. Tordoir has included it with work that he made six years earlier, in 1976. In it he investigates what the differences and similarities are between real objects propped against the wall and the same forms painted on a canvas. The canvas hangs unframed against the wall; it is creased like a table cloth, so that one can see that it has been kept folded up. The combination of objects with the images of them and the fact of putting things in a row so that they become series, is meaningful if one makes an analogy with language. Nouns have a similar relation to the things that they name, and it is through the position of the words in a sentence vis-à-vis each other - the syntax - that meaning comes about. The rebus-like character and the analogy with language have become an essential aspect of Tordoir's work.

Since 1976 Tordoir has been involved in an enquiry into the relation between the image and visible reality in generating meaning - a relation that he compares with that between words and things. In that enquiry he belongs to a Belgian tradition, with artists such as Magritte and Broodthaers. In an essay, published in 1994 for a catalogue of Tordoir's work since 1987, Professor Johan Vanbergen, now deceased, offers a detailed analysis of the role played by linguistic philosophy in Tordoir's work. Firstly he suggests that we view Tordoir's isolated object figures as a variety of emphatic words with a purely referential character. 'The figures have the absolute character of word-concepts: merely giving them a name seems to exhaust their meaning.' Following in Tordoir's footsteps, he then goes on to give us a list of the possibilities of ways of depicting something, in a work for instance such as that of 1986 in the collection of the Centraal Museum. A thing is taken

dat van 1986 uit de collectie van het Centraal Museum, een opsomming van de mogelijkheden om af te beelden. Een ding uit de werkelijkheid wordt gereduceerd tot een grafisch teken, een vignet. Het kan zich als een reliëf uit de achtergrond verheffen of als een driedimensionaal object worden nagebootst. Vanbergen breidt deze reeks ook uit tot de manier waarop Tordoir de beelden toont in een onbeschilderde houten lijst en tot de kleuren die hij gebruikt. Het rood, geel en blauw 'is even precies gedefinieerd als de voorwerpen. Soms is ze (de kleur) een eigenschap van die voorwerpen, soms vormt ze hun achtergrond, soms is ze zelf de afgebeelde figuur: in dat geval stelt ze het rood, geel en blauw voor in hun zintuiglijke kwaliteit en roept ze als zodanig het woordconcept van deze kleuren op.' Vanbergen wil met deze opsomming aangeven dat het werk van Tordoir verschijnt in een neutraal conceptueel kader dat niet verder valt te analyseren. Hij stelt vast dat het Tordoir niet gaat om een illusionistische verdubbeling van de werkelijke wereld, een gespiegelde wereld, waarin de beschouwer kan wegdromen. Hij stelt ook vast dat Tordoir zich niet overgeeft aan een schilderkunst die aan de voorstelling verzaakt en die met een lyrisch-expressieve vormentaal het gemoed van de beschouwer tracht te beroeren. Wat het werk van Tordoir wel doet is het op gang brengen van een denkproces dat extra gestimuleerd wordt door het ontnuchterende neutrale karakter van zijn beelden. 'Juist doordat ze niet meer lijken te zijn dan wat ze zijn wordt de verbeelding en de intellectuele nieuwsgierigheid geprikkeld.'

In het vervolg van zijn essay gaat Vanbergen in op die kwaliteit van het werk van Tordoir. Tegenover de klare taal die aan de basis ligt van de opsommende manier waarop de beeldende middelen worden getoond, staat de mysterieuze, onklare betekenis die veel voorstellingen hebben als we ze proberen te "lezen". Dat mysterieuze aspect doordringt ook de syntaxis van beelden, de plaatsing ten opzichte van elkaar in een reeks. De voorstelling is vaak afhankelijk van de positie van de kijker. Bij een verandering van kijkrichting verandert tevens het beeld. Dat gevoel van onzekerheid wordt nog versterkt door het veelvuldig gebruik van spiegels. Het belang van die indruk van onbestemdheid legt Vanbergen uit door de analogie met taal verder door te trekken. 'Door taal en tekens krijgen wij vat op de chaos van de wereld. Het teken isoleert, definieert, deelt de werkelijkheid op, maar leidt

from reality and reduced to a graphic sign, like a logo. It can stand out from the background like a relief or it can be copied in the form of a three-dimensional object. Vanbergen extends this list to include Tordoir's presentation of images in an unpainted wooden frame and the colours he uses. The red, yellow and blue 'are just as clearly defined as the objects (...) themselves. In some cases it (the colour) is a characteristic of those objects, in others it provides them with a background. On occasion it is the depicted figure itself, in which case it represents the colours red, yellow or blue in terms of their sensory qualities, and as such invokes the word-concept of these colours, (...).' With this list Vanbergen is pointing out that Tordoir's work appears in a neutral conceptual context that rules out any possibility of further analysis. He states that Tordoir is not concerned with an illusionist duplication of the real world, a reflected world in which the viewer can drift off into dreams. He also concludes that Tordoir is not concerned with a painting that renounces representation and that wishes to persuade the viewer with a lyrically expressive formal idiom. 'Tordoir's work gives rise to a thought process that is stimulated to an additional degree by the disconcerting matter-of-factness of his images. It is precisely because these images do not appear to be anything more than they are that they stir our imagination and intellectual curiosity.'

Vanbergen goes on in his essay to discuss the quality of Tordoir's work. In contrast with the plain language behind the enumerative way of presenting the visual means, is the mysterious, anything but plain meaning that many of these paintings have if we try to 'read' them. This mysterious aspect also permeates the syntax of images, their positioning in a series vis-à-vis each other. The scene often depends on the position of the viewer. A change in the direction from which you view the painting also changes what you see. This feeling of uncertainty is added to by the frequent use of mirrors. Vanbergen explains the importance of this feeling of indeterminacy by taking the analogy with language a step further. '(...) it is by means of language and symbols that we seek a handhold on the chaos of the world. The symbol isolates, defines, breaks reality down, but in doing so brings about the l oss of the totality we perceive in the first immediate experience. This totality seeps away through the cracks and holes of the definitions, words,

daardoor ook tot het verlies van de totaliteit die wij gewaarworden in de eerste, onmiddellijke ervaring. Deze totaliteit sijpelt weg door de spleten en de kieren van de definities, van de woorden, begrippen en beelden waarin wij haar proberen te ordenen. Het teken doet dienst als substituut van wat afwezig is, waarnaar het slechts verwijst. ...De werkelijkheid is in de taal altijd het onbereikbare andere, het vervreemde object dat tegenover het bewustzijn is gesteld. De taal waardoor wij ons bewust worden van de objectieve wereld bevrijdt, maar vervreemdt ons ook van de schoot van het Zijn, ... Wat in de schilderijen van Tordoir verschijnen zijn dus niet zozeer de afgeronde gedachten of emblemen, maar figuren van het denken zelf, die door de herinnering en de verbeelding in beweging worden gebracht vanuit een onbekend en diep verlangen: de nostalgie die in al het noembare naar het onbenoembare verwijst.'

Belgicisme

De taalfilosofische benadering van Narcisse Tordoir, zoals verwoord door Vanbergen, is in de omgeving van Magritte en Broodthaers op te vatten als een Belgisch specialisme. Je kunt daarbij speculeren over de vraag of de oorzaak van deze aandacht verder gaat dan de logische belangstelling van kunstenaars uit hetzelfde land voor elkaars werk. Misschien gaat de oorzaak dieper en is die te zoeken in de bijzondere omstandigheid van België als meertalige natie. Meer dan in andere landen zijn Belgische kinderen sinds de eerste leesles van het leesplankje 'aap, noot, mies' zich misschien ervan bewust, dat de pretentie, dat de naam vervangt wat hij benoemt, niet waar gemaakt wordt. Er bestaat immers nog een Belgische taal buiten die waarin de leesles wordt gegeven. Die zin voor betrekkelijkheid huist ook in de term 'belgicisme'. Bij een germanisme of anglicisme bestaat duidelijkheid over de nationaliteit van de taal die een andere heeft gekleurd of verontreinigd, zo men wil. Bij een belgicisme vermeldt het woordenboek dat het gaat om een woord of een uitdrukking die onder invloed van ofwel het Nederlands ofwel het Frans is gekleurd. Met het oog op dat ontbreken van duidelijkheid zou de term belgicisme kunnen worden gebruikt om die bijzondere aandacht bij veel Belgische kunstenaars te benoemen voor de wijze waarop taal en beeld als substituut van de werkelijkheid optreden. Magritte's *Ceci n'est pas une pipe* is een ikoon op dat punt.

concepts and images through which we seek to impose order. The sign functions as a substitute for that which is absent, that to which it merely refers. (...) Reality in language is always the unattainable other, the alienated object set against consciousness. The language through which we are aware of the objective world liberates but also alienates us from the womb of Being, (...) The elements that appear in Tordoir's paintings are thus not so much rounded thoughts or emblems, but figures from thought itself, set in motion by memory and imagination from an unknown and deep longing: the nostalgia in everything that can be named for that which cannot.'

Belgicism

In the circle of Magritte and Broodthaers, Narcisse Tordoir's linguistic philosophical approach, as Vanbergen describes it, can be thought of as a Belgian speciality. You can speculate on the question of whether there is a deeper reason for this concern than just the logical interest of artists from the same country in each other's work. Perhaps a more fundamental explanation can however be found in Belgium's exceptional situation as a multilingual country. More than in other countries, Belgian children from their first lesson in reading onwards are perhaps aware that the claim of the noun to be a substitute for what it names, cannot be proved. There is for that matter a Belgian language outside that in which the reading lesson is given. This desire for relativity is concealed in the term 'Belgicism' itself. With a Germanism or an Anglicism there is at least some clarity about the nationality of the language that has coloured or stained another language, according to how you see it. The dictionary definition of a 'Belgicism' states that it is a case of a word or expression that is influenced by either Dutch or by French. Bearing this lack of clarity in mind one could use the term 'Belgicism' to denote the exceptional concern of many Belgian artists for the way that language and image operate as a substitute for reality. In that respect Magritte's 'Ceci n'est pas une pipe' has the status of an icon. The text 'this is not a pipe' is a response to anyone who thinks that a painting is the same as that which it represents. Reality, including the reality of a painting, exists outside the domain of language and cannot be captured in an image either. Another painting of Magritte has the title 'God on the Seventh Day'. Narcisse Tordoir stuck a

De ontkennende tekst 'dit is geen pijp' is een antwoord voor wie denkt dat een schilderij samenvalt met wat het voorstelt. De werkelijkheid, ook de werkelijkheid van een schilderij, bevindt zich buiten het domein van de taal en ze kan ook niet worden gevangen in een afbeelding. Een ander schilderij van Magritte heeft als titel 'God op de zevende dag'. Narcisse Tordoir plakte een afbeelding ervan in één van zijn schetsboeken. Een man met een hoed op en gehuld in een jas zit op een stoel. Blijkens een foto heeft Magritte zelf model gestaan. Op de plaats van zijn lichaam is een vogelkooi met twee tortelduifjes. In Genesis wordt verhaald hoe de schepping van de dingen plaatsvond in zes dagen. 'Op de zevende dag rustte God', staat er geschreven, en zag de mens zijn kans schoon om de natuur te gaan indelen volgens zijn eigen denkstructuren en zelf te gaan scheppen.

In die Belgische traditie van aandacht voor de betrekkingen tussen de woorden, de afbeeldingen en de dingen, neemt voor Narcisse Tordoir Roger Raveel een bijzondere plaats in om zijn puur schilderkunstige aanpak van het probleem. De drijvende geschilderde zwanen met de uitgezaagde vierkanten in de grachten van Brugge, de lege contouren van poezen, vogels, vierkanten, mannen of palen in de schilderijen, een schilderij als een karretje, het zijn allemaal kaders waarbinnen de schilderkunst zich manifesteert. Raveel benadrukt in interviews dat de dingen zich openbaren in de simpele werkelijkheid van alledag en dat hij die openbaring van de dingen er niet in hoeft te schilderen met een persoonlijke toets. Tordoir komt overeen met Raveel in die weigering om de afbeelding een expressieve lading te geven. Ook in zijn gebruik van kleur zijn raakpunten te vinden met de wijze waarop Raveel sinds de jaren zestig de lichtwerking van de kleur op het doek onderzoekt. De kleur krijgt dezelfde waarde als de afbeeldingen en de werkelijke objecten. Alles is gericht op 'het zoeken van een magische kracht en het uitvloeien van het schilderij in het leven zelf', zoals Raoul de Keyser het werk van Raveel omschreef in 1964.

Terugkijkend naar de eerste werken van Tordoir blijkt hoezeer destijds door de kunstkritiek al te generaliserend het idee werd geopperd van een jonge expressieve schildertrant. In werkelijkheid reageerden kunstenaars als Narcisse Tordoir in België en René Daniëls in Nederland op opvattingen over het schilderen van de generatie vóór hen. Voor Tordoir was het vertrekpunt de Franse variant

reproduction of it in one of his sketchbooks. A man wearing a hat and wrapped in a coat is sitting on a chair. It appears from a photo that Magritte was himself the model for this painting. Where his body should have been there is a bird cage with two turtle doves. The story is told in Genesis of how the creation took place in six days. 'On the seventh day', it is written, 'God rested', and human beings seized the chance to arrange nature according to their own concepts and even to create things themselves.

In the context of the Belgian tradition of concern for the relations between words, images and things, Narcisse Tordoir saw Roger Raveel's role as exceptionally important, because of his purely painterly approach to the problem. The painted swans with sawn-out squares in the canals of Bruges, the empty outlines of cats, birds, squares, men or poles in the paintings, a painting in the form of a cart - these are all contexts within which painting displays itself. In interviews Raveel emphasized that things reveal themselves in the simple reality of everyday life and that he did not need to paint this self-revelation of things with a personal touch. Tordoir resembles Raveel in this refusal to give what he depicts an expressive content. In his use of colour too there are points in common with the way that, since the sixties, Raveel has explored the light values of colours in a canvas. Colour is given the same status as the images and as the real objects. Everything is concentrated on 'the search for a magic power and for the painting seeping out into life itself' - this is Raoul de Keyser in 1964 describing Raveel's work.

Looking back at Tordoir's first works it is clear that the art critics made far too sweeping a generalization in proposing the notion of an expressive trend among the new generation of painters. In reality artists such as Narcisse Tordoir in Belgium and René Daniëls in Holland were reacting to the previous generation's ideas about painting. For Tordoir the point of departure was the French variant of what was called 'Fundamental Painting' in Holland - the group Support/Surface with artists such as Claude Vialat. These painters focused all their attention on the activity of painting itself, on the gesture of painting as such; in doing so they had also explained the image. Tordoir opposed this idea with a more cautious approach to painting. It was not the activity of painting of the painter in his studio that is central in his work but the enquiry into the meaning of

van wat in Nederland Fundamentele kunst wordt genoemd, de groep Support/Surface, met kunstenaars als Claude Vialat. Die schilders richtten alle aandacht op de handeling van het schilderen, op het gebaar, en verklaarden het beeld daarmee gelijk. Tordoir stelde daar een terughoudende benadering van het schilderen tegenover. Niet het schilderend handelen van de schilder in zijn atelier staat centraal in zijn werk maar het onderzoek naar de betekenis van de dingen uit zijn directe omgeving in een geschilderde weergave. Tordoir sluit zich daarmee aan bij een Belgische traditie van semantisch onderzoek waarbij met name het voorbeeld van Raveel kan worden genoemd in de wijze waarop het beeld met schilderkunstige middelen tot stand komt.

De tentoonstelling

Deze terugblik laat zien hoe consequent het oeuvre van Tordoir is verlopen waarbij ik wil aantekenen dat een terugblik, net als iedere herinnering, selectief is. Dat bij een terugblik een oeuvre een consequente lijn vertoont, is eerder een punt van onderzoek dan een objectieve constatering. Gemeten naar het moment zelf destijds zijn overgangen meestal aan te merken als breekpunten waarop het werk radicaal een andere richting op lijkt te gaan. In die zin heeft Narcisse Tordoir de tentoonstelling ook ingericht volgens overgangen die op dat moment breuken betekenden.
De tentoonstelling eindigt, zoals gezegd, met het schilderij met de twee rennende meisjes en het werk waarin op een loshangend doek de geometrische objecten zijn geschilderd die eronder tegen de muur staan. Beide werken zijn zonder titel. Tordoir geeft nooit titels aan zijn werken. Hij zou overigens wel willen dat er titels te vinden zouden zijn die complementair zijn aan het beeld zoals dat bij Magritte het geval is bij wie beeld en titel samen betekenis aan het werk geven. Voor Narcisse Tordoir echter zijn woorden in zijn werk niet anders dan beelden. Tegenover de nadruk op het beeld waarmee hij de tentoonstelling eindigt, begint hij haar met werken waarin het woord beeld is geworden. De entree is een installatie, een nauwe corridor waar de bezoeker doorheen moet. Het werk is gemaakt voor de Biënnale van Venetië. Tordoir exposeerde daar in 1988 en in dat megagebeuren schiep hij voor zijn werk binnen het Belgisch paviljoen een afgezonderde ruimte. Er staan twee zinnen op de muren:

things in his immediate surroundings in a painted reproduction of them. In doing so Tordoir was following in a Belgian tradition of semantic research; Raveel's example deserves special mention here for the way his images were generated with painterly means.

The exhibition

This retrospective shows just how consistent the development of Tordoir's work has been - though I should add here that a retrospective, like every memory, is selective. The fact that in a retrospective an body of work possesses a consistent line of development is a matter for research rather than an objective observation. Compared with the moment itself, transitions are usually regarded as breaking points where the work seemed to have taken a radically different direction. In this sense Narcisse Tordoir has also arranged his exhibition according to transitions that at that moment signified ruptures.
The exhibition ends as I said before with the painting of the two girls running and the work consisting of an unframed canvas hanging from the wall with the geometrical objects painted on it and the same objects, this time real, propped up underneath. Neither of these works has a title. In fact Tordoir never gives his works titles. He would incidentally be pleased if titles could be found that complemented his images as Magritte managed to do. For Narcisse Tordoir, however, words in his work are only images. By contrast with the emphasis on the image with which he concludes his show, he begins it with works in which the word has become an image. The entrance is an installation, a narrow corridor that the visitor has to go through. The work was made for the Venice Biennale and was exhibited there in 1988; in that mega-event he created a separate space for this work in the Belgian pavilion. There are two sentences on the wall: *personnage oubliant ses illusions* (person forgetting his illusions) and *personnage observant le plafond* (person gazing at the ceiling). The combination of the two sentences is a consequence of Magritte's 'Ceci n'est pas une pipe'. Their being juxtaposed reveals the fact that any potential visualizing of the texts would have to be based on different principles. A depiction of someone gazing at the ceiling is of quite a different order than someone who forgets his illusions. What we read here are no titles. The text is mysterious in the sense that Vanbergen uses the

personnage oubliant ses illusions (personage zijn illusies vergetend) en *personnage observant le plafond* (personage het plafond observerend). Het samengaan van de beide zinnen is de consequentie van Magritte's 'Dit is geen pijp'. Immers, in hun juxtapositie komt naar voren dat een mogelijke afbeelding van de teksten uitgaat van verschillende principes. Een afbeelding van iemand die het plafond observeert is van een andere orde dan een afbeelding van iemand die zijn illusies vergeet. Het zijn geen titels die hier te lezen zijn. De tekst is mysterieus in de zin waar Vanbergen over spreekt. In de nauwe corridor met het hoge plafond wordt de bezoeker geconfronteerd met een vervreemdende situatie waarin hij personages krijgt voorgesteld die hem bewust maken van zijn eigen aanwezigheid. De nauwe corridor leidt de tentoonstelling binnen waar op de tegenoverliggende muur een recent werk van 1997 hangt. Het is een complex geheel van in elkaar overgaande elementen. De achtergrond wordt gevormd door een foto van het atelier van Tordoir. In feite is het een reconstructie van de ateliersituatie zoals die was tussen 1993 en 1996. Tordoir had langs de muren van de ruimte hokjes getimmerd als cellen in een talenpracticum: een tafel die aan drie zijden is omsloten met houten scheidingswanden. Op een stoel met wieltjes reed hij van het ene hokje naar het andere. Zo werkte hij als een simultaanschaker aan meerdere werken tegelijk. Het ging daarbij om ruimtelijke maquettes die hij van allerlei materialen in elkaar stak en die niet waren bedoeld als afgewerkte producten. Nadat de reeks werkhokjes weer was afgebroken gingen die drie jaren in het atelier behoren tot het stadium van de herinnering. En van die afstand bezien leidde het tot de huidige werkwijze van ruimtelijke constructies.

Voor het werk van 1997 dat nu tegenover de nauwe ingangscorridor hangt, bracht Tordoir zijn atelier weer terug in de staat waarin het destijds verkeerde om de foto te laten maken die als achtergrond dient. De foto is gebruikt op een schilderkunstige manier, de illusie van de ruimte krijgt een tegenwicht in het gat dat in de foto is uitgesneden en in een rechthoekige plak witte verf met een dikte van enkele centimeters die tijdens het droogproces naar beneden is omgeklapt. Op de foto zijn een tiental flessen vastgezet en overgoten met een zwarte verfsubstantie met enkele spatten lichtgevende verf daar bovenop. De flessen en de verf zijn in deze context op te

word. In the narrow corridor with the high ceiling the visitor is confronted with a situation that creates alienation in which he is presented with characters that make him aware of his own presence.

The narrow corridor leads one to the exhibition; on the wall opposite one sees a recent work of 1997. It is a complex assemblage of elements that overlap. The background consists of a photo of Tordoir's studio. In fact it is a reconstruction of his studio as it was between 1993 and 1996. Along the walls of the space Tordoir had made little compartments like cells in a language laboratory: a table that was enclosed on three sides by wooden partitions. He used to ride from one compartment to another on a chair with wheels. In this way he could work at different works at the same time like a simultaneous chess-player. What they were was spatial maquettes that he stuck together out of various materials and which weren't intended as finished products. After this series of little work compartments had been demolished, the three years spent in that studio began to belong to the phase of memory. Seen from that distance they led to his present method of spatial constructions.

For the work of 1997 now hanging opposite the narrow corridor, Tordoir restored his studio to its previous state in order to make the photograph that now serves as a background. The photo is used in a painterly manner, the illusion of space is given its counterpart in the hole that is cut in the photo and in a rectangular slice of white paint some centimetres thick that keeled over during the drying process. Ten bottles were fixed to the photo and then covered with a black paint substance with some splashes of luminous paint on top. In this context the bottles and the paint can be thought of as a metaphor for the way that a painting relates to the art of painting: like a mould or vessel to its contents. The bottles bridge the distance to a plane with a tilting surface on which the capsized slice of white paint is repeated. On the first plane is a stretcher for a painting that confirms the metaphor of the bottles with the dripping paint by which the painting forms an image of the art of painting turned inside out.

Narcissism

Professor Vanbergen points out how the demystifying neutral character of the images and texts in Tordoir's work stimulate one's fantasy. His images are like words in language; they function as a

vatten als een metafoor voor de wijze waarop een schilderij zich verhoudt tot de schilderkunst: als een mal of een vat ten opzichte van de inhoud. De flessen overbruggen de afstand tot een plan met een kantelend vlak waarin de omgeklapte plak witte verf wordt herhaald. Een kader van een schilderij, een spieraam, op het eerste plan bevestigt de beeldspraak van de flessen met de overlopende verf dat het schilderij een beeld geeft van een binnenstebuiten gekeerde schilderkunst.

Narcisme

Professor Vanbergen vermeldt in zijn essay hoe het ontnuchterende neutrale karakter van de beelden en teksten in het werk van Tordoir de verbeelding prikkelen. Zijn beelden zijn als woorden in de taal, ze functioneren als een substituut voor de dingen die ze benoemen maar zijn daardoor tevens de oorzaak van een gevoel van vervreemding. Immers, in de objectieve distantie waarmee de dingen zijn weergegeven klinkt het gemis door van een oorspronkelijk gevoel van eenheid bij de eerste waarneming. Nu is het verleidelijk om de beelden te gaan lezen als verhulde verwijzingen naar het privéleven van de kunstenaar. In recente werken komen naast de genoemde ateliersituatie meer beelden voor uit de persoonlijke omgeving van de kunstenaar. De zoldering van zijn huiskamer bijvoorbeeld, schuin van beneden gefotografeerd, waardoor het 'personage, het plafond observerend' autobiografische trekken krijgt. In andere werken komt zijn zoontje voor, springend met een kinderlijke onstuimigheid of spelend met een doorgesneden bal op zijn hoofd, de scheppende mens op Gods rustdag kortom, de knutselaar. Hij zit in de stoel van zijn vader aan het bureau voor de boekenkast. Het ligt voor de hand hem te zien via het oog van zijn vader, die hem beziet als een herinnering aan zichzelf in zijn natuurlijke staat, voordat kunst zijn vak werd. Een overzicht echter van het werk over de afgelopen twintig jaar, de nadruk op het semantisch onderzoek binnen het kader van een Belgische traditie, maakt duidelijk dat die autobiografische mededelingen van Tordoir niet allereerst zijn te interpreteren als een onthulling van de drijfveren achter zijn kunstenaarschap.

Tordoir stelt in zijn werk aan de orde dat de perceptie van de dingen niet samenvalt met de zijnstoestand ervan en parallel daarmee beziet hij ook zichzelf als object. Die veronderstelling wordt gesteund door de, letterlijk, reflexieve aspecten van zijn

substitute for the things they name, but they also give rise to a sense of alienation. The domain of objective detachment in which things are reproduced is permeated by a sense of absence; what one misses is the initial feeling of oneness one had on first sight. It is tempting now to read the images as hidden allusions to the private life of the artist. Besides the studio situation I have just mentioned, there are more images of Tordoir's personal life in recent works. The ceiling of his living room for instance photographed diagonally from below, where the 'personnage observant le plafond' takes on autobiographical traits. In other works we see his son, jumping around with childish boisterousness or playing while wearing a ball that has been cut in two on his head as a cap - in short, the creative human on God's day of rest, just messing around. He is sitting in his father's chair at the desk in front of the bookcase. It is self-evident that we see him through his father's eyes who in turn sees him as a memory of himself in his natural state before art became his profession. A survey of his work over the past twenty years however, emphasizing his semantic enquiry in the Belgian context, clearly shows that these fragments of Tordoir's autobiography are not in the first place to be interpreted as a revealing his underlying artistic motives. Tordoir raises the issue that one's perception of things does not coincide with how they actually are; in the same breath he also inspects himself as an object. This impression is confirmed by those aspects of his work that are both reflective and reflexive in the form of photos, mirrors and the changing viewpoint that is built into the form. The viewer's position is not static, the work only displays itself to the full as one walks past it. One needs more than one photo to illustrate a work. This reflexive aspect that is an expression of a detached artistry that sees itself as another is so prominently present, that Narcisse Tordoir has even been asked whether Narcisse isn't a pseudonym that he chose for himself as an artist. He admits that already as a boy he was aware that the name with its final 'e' sounds like a female equivalent of Narcissus. The Greek myth of Narcissus is well known - the languishing young man absorbed in his own beauty who leant over too far over the surface of the water and drowned in his own mirror image.

This is only one part of the myth however. It is curious how people always forget to mention an

werk in de vorm van foto's, spiegels en de veranderende gezichtshoek die in de vorm is ingecalculeerd. De positie van de kijker is niet statisch, het werk toont zich pas ten volle als je er langs loopt.
Er zijn meerdere foto's nodig om een werk te kunnen illustreren. Dat reflexieve aspect als uiting van een gedistantieerd kunstenaarschap dat zichzelf beziet als een ander, is zo prominent aanwezig, dat Narcisse Tordoir wel eens de vraag wordt gesteld of Narcisse een pseudoniem is dat hij voor zichzelf als kunstenaar heeft gekozen. Hij geeft toe dat hij er zich al als jongen van bewust was dat die naam, eindigend op een -e, het vrouwelijk equivalent van Narcissus lijkt. De Griekse mythe van Narcissus is bekend, de kwijnende jonge man, die verzonken in zijn eigen schoonheid, zich te ver voorover boog naar het wateroppervlak en verdronk in zijn eigen spiegelbeeld.
Maar dat is maar een deel van de mythe. Het is veelzeggend dat een belangrijk deel steeds onvermeld blijft, juist dat deel dat de mythe archetypisch maakt, als een les voor iedereen die zichzelf zoekt. Bij de geboorte van Narcissus was zijn moeder voorspeld dat haar zoon het geluk zou vinden indien hij zichzelf niet zou leren kennen. Niemand begreep wat met die kryptische voorspelling werd bedoeld totdat het te laat was. Narcissus' zelfverdrinking was het gevolg van zijn onvermogen zijn naar binnen gekeerde liefde om te keren in liefde voor de ander. Er was een meisje verliefd op Narcissus: de bergnymf Echo, maar hij hoorde haar niet. Haar enige conversatie bestond namelijk uit het herhalen van de laatste woorden van de spreker vóór haar. Lopend achter Narcissus kon ze op zijn klagerig 'wie ben ik?' alleen maar repliceren met 'ben ik', ik echo ego, hetgeen ook haar naam was.
Identità e alterità, fémininmasculin, Ik en de Ander, l'Autre, het zijn titels van overzichtstentoonstellingen van de laatste jaren die een hedendaags cruciaal thema willen typeren. Het hedendaagse kunstenaarschap wordt daarin begrepen vanuit een psychoanalytisch perspectief. Narcisme is daarin een kernwoord, ontdaan van zijn pejoratieve betekenis. Het is het narcisme waar Lacan over spreekt in zijn 'stadium van de spiegel', als het kind voor de spiegel staat en het tegenover zijn eigen beeld een ander speelt. Het herkent in zichzelf de ander, het beeld van een 'personage, zijnde de valkuil van mijn ik', zoals een tekst luidt van Narcisse Tordoir. Het is het narcisme van Ulrich, Musils 'Mann ohne Eigenschaften', een van de eerste

important part of this story - precisely that part that makes the myth archetypal, so that it forms a lesson for everyone who goes in search of himself. At the birth of Narcissus it was prophesied to his mother that her son would find happiness provided he did not know himself. Nobody understood what was meant by this cryptic prophecy until it was too late. Narcissus was drowned because he was incapable of converting his introverted love into love for another. A girl was in love with Narcissus - the mountain nymph Echo - but he didn't hear her. Her only conversation consisted of repeating the last words of the speaker before her. Walking behind Narcissus all she could say in answer to his lament, 'who am I' was 'am I'. I, echo, ego - it was her name.
Identità e alterità, fémininmasculin, I and the Other, l'Autre, these have all been titles of retrospective exhibitions during the last few years, pointing to a crucial contemporary theme. The task of the artist today is thus understood from a psychoanalytic perspective. In this perspective Narcissism is a key word, once it is rid of its pejorative sense. It is the Narcissism that Lacan talks about with the term 'mirror stage' - that point in a child's life when he stands in front of the mirror and plays another person in front of his own reflection. He recognizes the other in himself, the image of a 'person as the trap of my self' in the words of a text by Narcisse Tordoir. It is the narcissism of Ulrich, Robert Musil's 'Mann ohne Eigenschaften', the man without qualities, one of the first modern figures of the twentieth century, who turned this concern with his own inner self outwards towards the other and so finds love. 'You are my love itself', Ulrich says to the person he loves; this is not because he sees her as an alter ego but because in the experience of her otherness, in his own alienation he rediscovers the essence of his I. With his concern with the female ending of his Christian name, it is tempting to take Narcisse Tordoir's Narcissism literally. I am thinking here of the poster he designed in 1990 for Paul van Ostayen's sound poem 'Berceuse presque nègre'. (*De Sjimpansee doet niet mee / waarom doet de sjimpansee niet mee? / de sjimpansee is ziek van de zee / etc.*)*
The letter 'E' that takes on an abstract value in the repetitive rhythm of the poem is used by Tordoir as an image in his poster. Sometimes there are two 'E''s opposite each other, forming a mirror

moderne figuren van de twintigste eeuw, die de gerichtheid op zijn innerlijk keert naar de ander en daarin de liefde vindt. 'Jij bent mijn liefde zelf', zegt Ulrich tegen degene die hij liefheeft, niet omdat hij haar houdt voor een alter ego maar omdat hij in de ervaring van haar anders-zijn, in zijn vervreemding, het wezen van zijn ik hervindt. Het is verleidelijk om het narcisme van Narcisse Tordoir letterlijk te nemen in zijn aandacht voor de vrouwelijke uitgang van zijn voornaam. Ik denk hierbij aan de poster die hij in 1990 ontwierp voor het klankgedicht Berceuse presque nègre van Paul van Ostayen. De E die in de repetitieve cadans van het gedicht een abstracte waarde krijgt (*de Sjimpansee doet niet mee / waarom doet de sjimpansee niet mee? / de sjimpansee is ziek van de zee / enz.*) wordt door Tordoir in de poster geëxploiteerd als beeld. Soms staan twee E's tegenover elkaar als elkaars spiegelbeeld. Als ze elkaar verder zouden naderen en elkaar raken zou het beeld ontstaan van een spieraam. Zo'n spieraam roept in het schilderij uit 1997 tegenover de entree van de tentoonstelling het beeld op van binnenstebuiten gekeerde schilder-kunst. Dat vignet van een spieraam beëindigt ook een zeefdruk met tekstwerken van Narcisse Tordoir. De reeks begint met de zinnen die in de ingangscorridor van de tentoonstelling staan. Andere zinnen zijn: personage melk drinkend, personage luisterend naar de stilte en personage zijnde de valkuil van mijn ik.

image. If they were to come a little closer and touch each other one would get the image of a stretcher. In the painting of 1997 opposite the exhibition entrance it is a canvas stretcher that evokes the image of painting turned inside out. This emblem of a stretcher also rounds off a silkscreen with texts by Narcisse Tordoir. The series begins with the sentences in the corridor leading to the exhibition. Other sentences are: *personage melk drinkend* - person drinking milk; *personage luisterend naar de stilte* - person listening to silence and *personage zijnde de valkuil van mijn ik* - person as the trap of my self.

*Literally:
'The chimpanzee, he won't play with me / why won't he play? / the chimpanzee is sick of the sea'.

Bert Jansen

All works are Untitled (Z.T.)

Z.T. 1976
Latex op linnen
165 x 270 cm

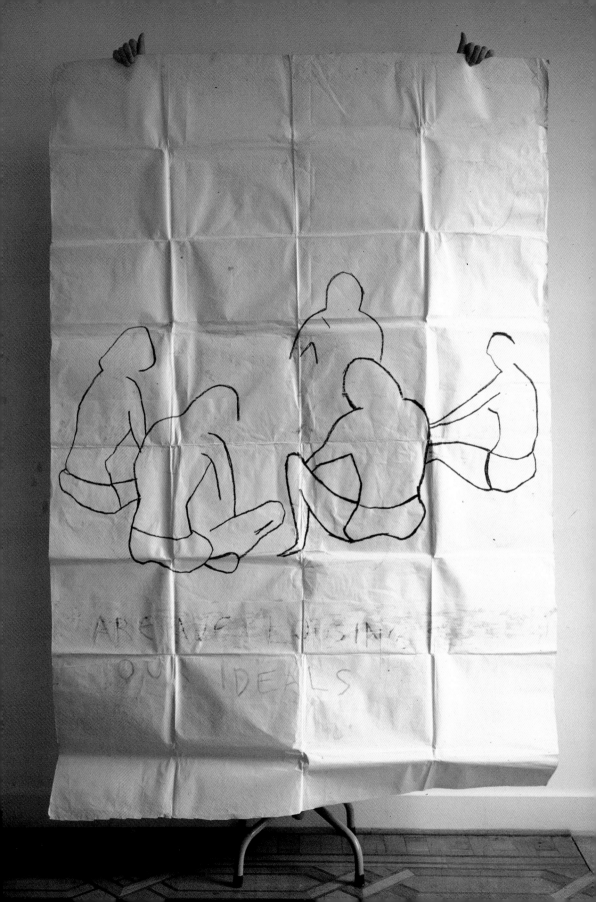

Z.T. 1979
Vetkrijt op papier
218 x 155 cm

Z.T. 1982
Acryl op linnen
250 x 400 cm

Z.T. 1983
Acryl op hout, gips, triplex
40 x 125 x 10 cm

Z.T. 1984
Acryl op hout, gips, brood
40 x 275 x 10 cm

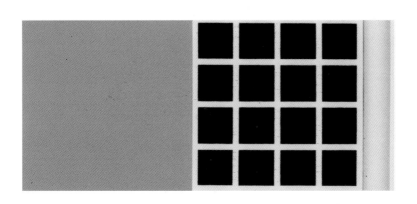

Z.T. 1984
Acryl op hout, gips
40 x 280 x 5 cm

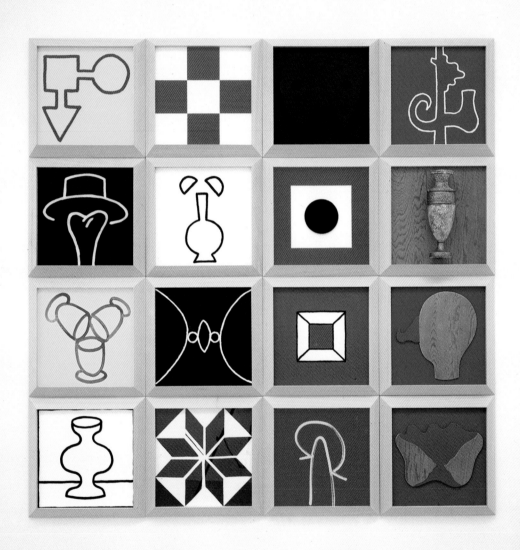

Z.T. 1986
Mixed media
215 x 215 cm

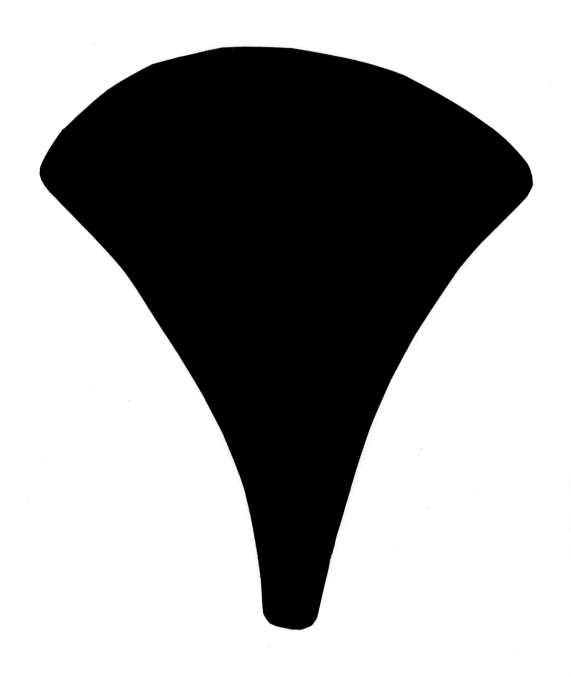

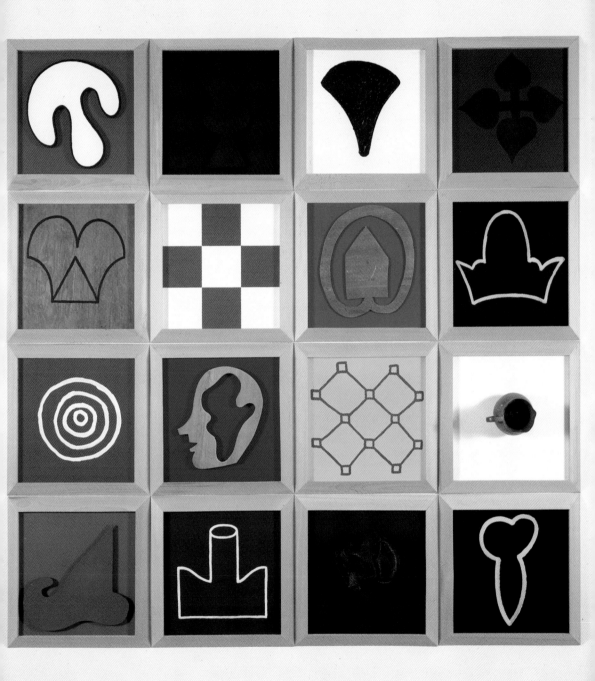

Z.T. 1986
Mixed media
215 x 215 cm

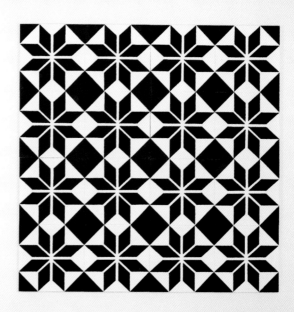

Z.T. 1985
Mixed media
160 x 200 cm

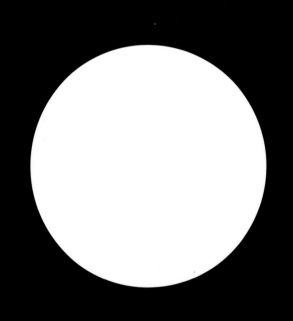

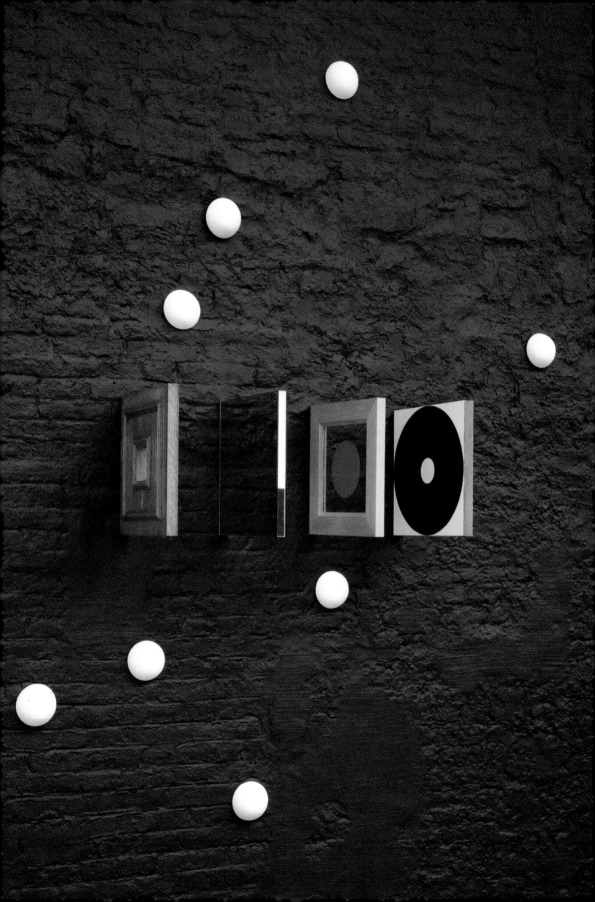

Z.T. 1988
Acryl op hout, spiegel, gips, fineer
ca. 250 x 200 x 40 cm

Overzichtsfoto Installation view
Tentoonstelling Galerie Joost Declerq
Gent, 1989

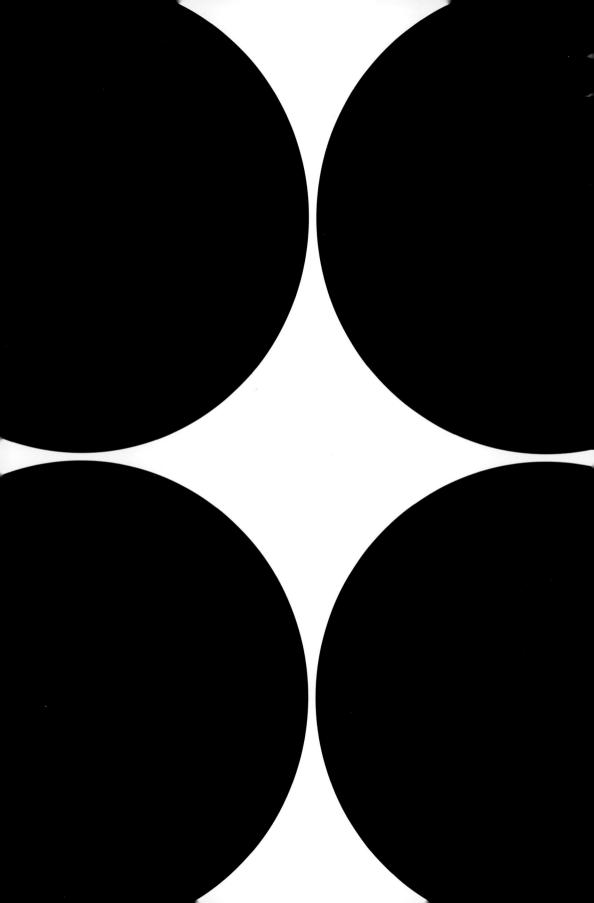

Z.T. 1989
Acryl op hout, spiegel, zeefdruk op formica
150 x 101 x 45 cm

Z.T. 1989
Acryl op hout, spiegel, zeefdruk
60 x 415 x 60 cm

Overzichtsfoto Installation view
Ponton
Temse, 1990

Z.T. 1990
Steen, pleister, verf
binnenmaat: 315 x 179 x 600 cm

Z.T. 1990
Steen, pleister, verf
binnenmaat: 315 x 179 x 600 cm

Overzichtsfoto Installation view
Beelden Buiten
Tielt, 1990

Overzichtsfoto Installation view
Tentoonstelling Watertoren
Vlissingen, 1995

SONN

TAN

PIEC

U MC

PERSONNAGE
OUBLIANT
SES
ILLUSIONS

PERSONNAGE
RENDANT
SON DERNIER
SOUPIR

PERSONNAGE
PENSANT LA
PLUS GRANDE
ILLUSION

PERSONNAGE
BUVANT
DU
LAIT

PERSONNAGE
OBSERVANT
LE
PLAFOND

PERSONNAGE
ECOUTANT
LE
SILENCE

PERSONNAGE
ETANT
LE PIEGE
DU MOI

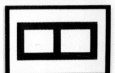

Overzichtsfoto Installation view
Editie / Zeefdruk ADD
Antwerpen, 1990

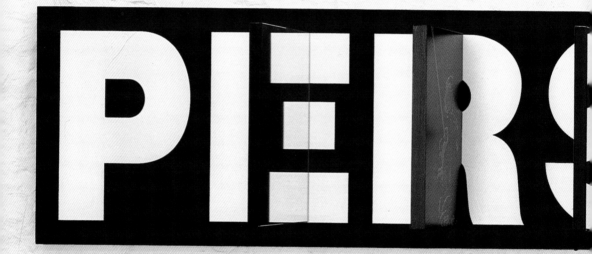

Z.T. 1991
Acryl op hout, spiegel, zeefdruk op formica
50 x 381 x 50 cm

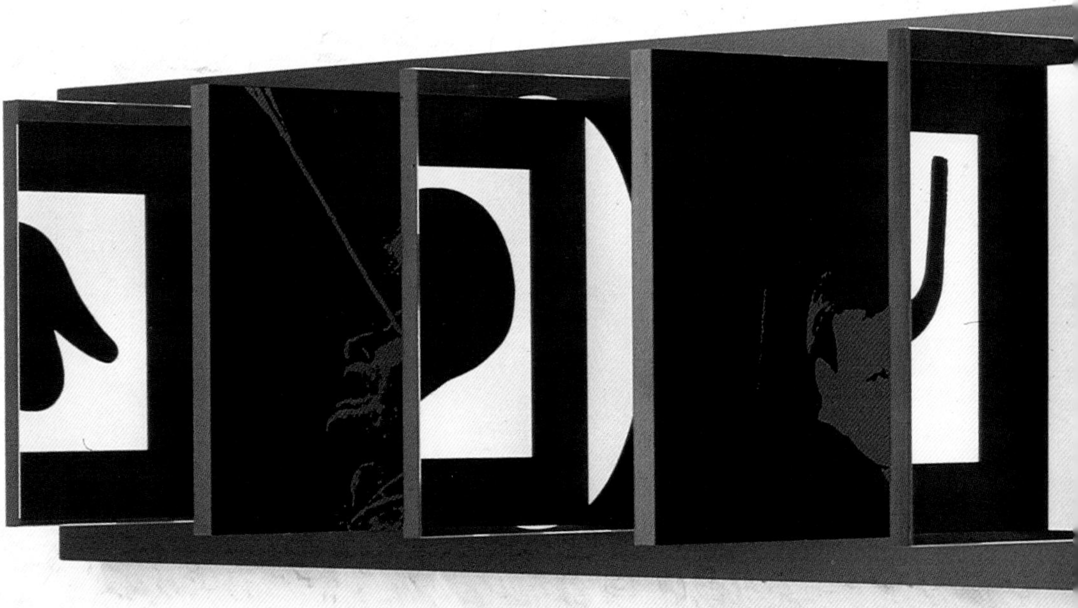

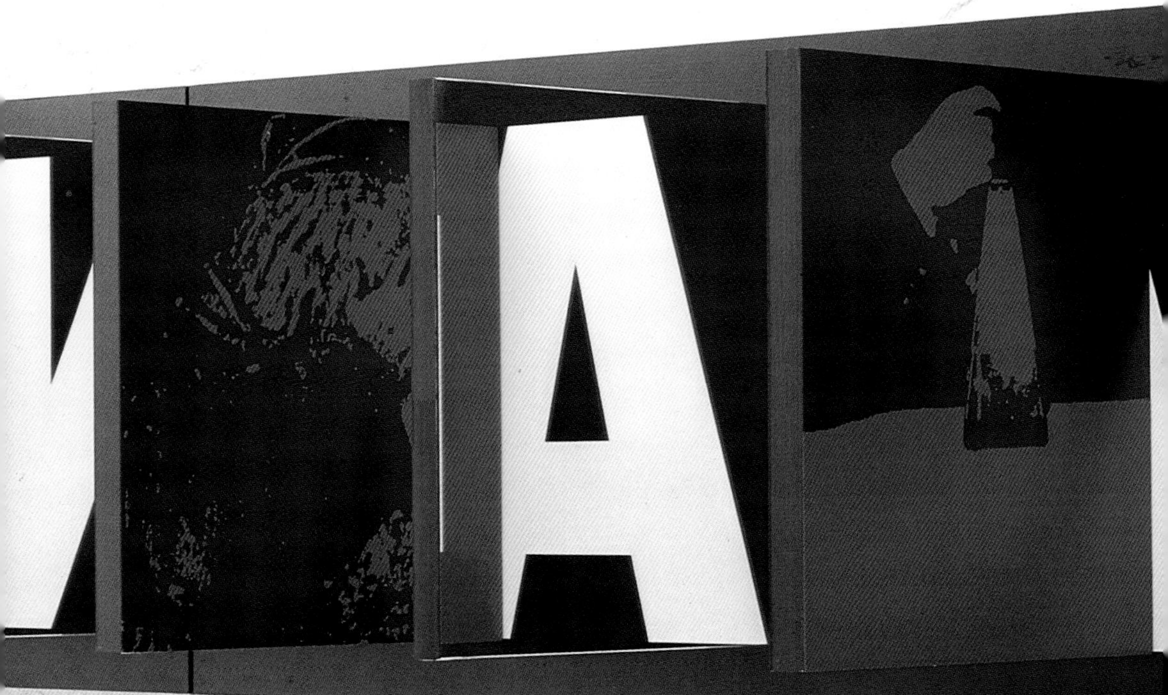
A

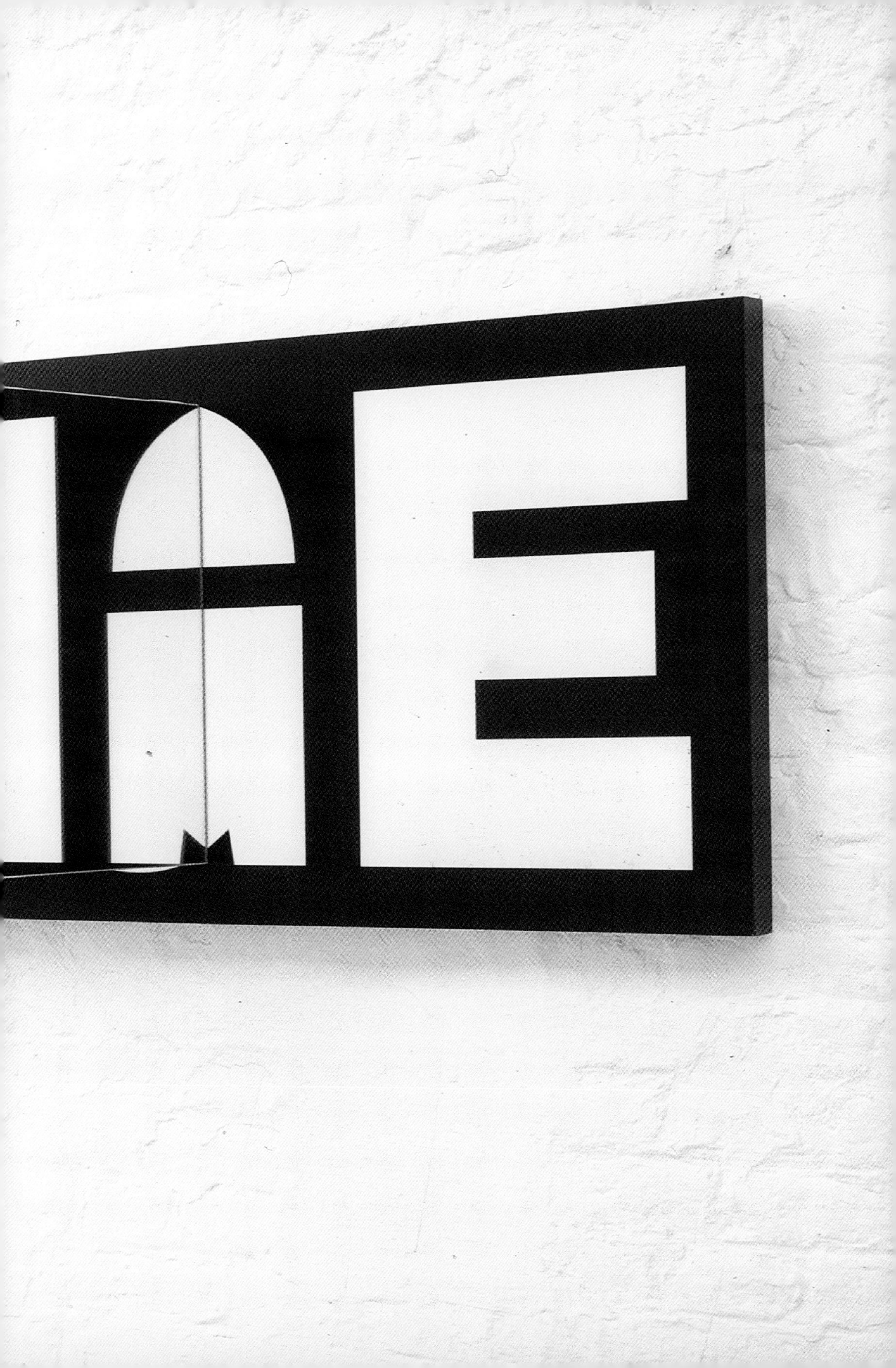

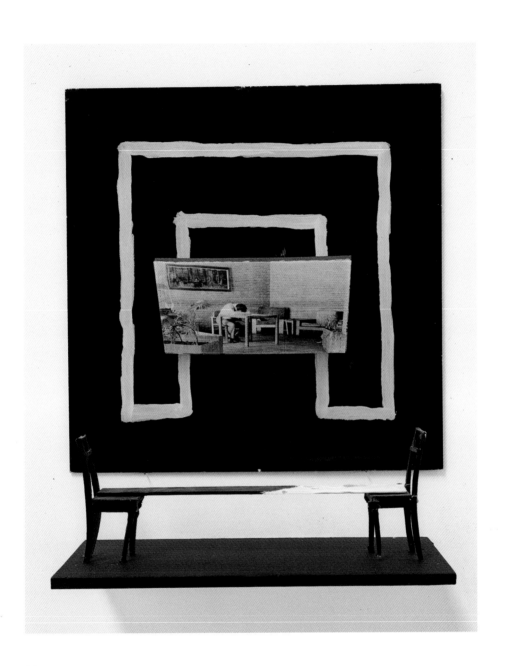

Z.T. 1997
Acryl, hout, foto
48 x 40 x 11 cm

Z.T. 1997
Acryl, foto, aluminium, glas
270 x 210 x 125 cm

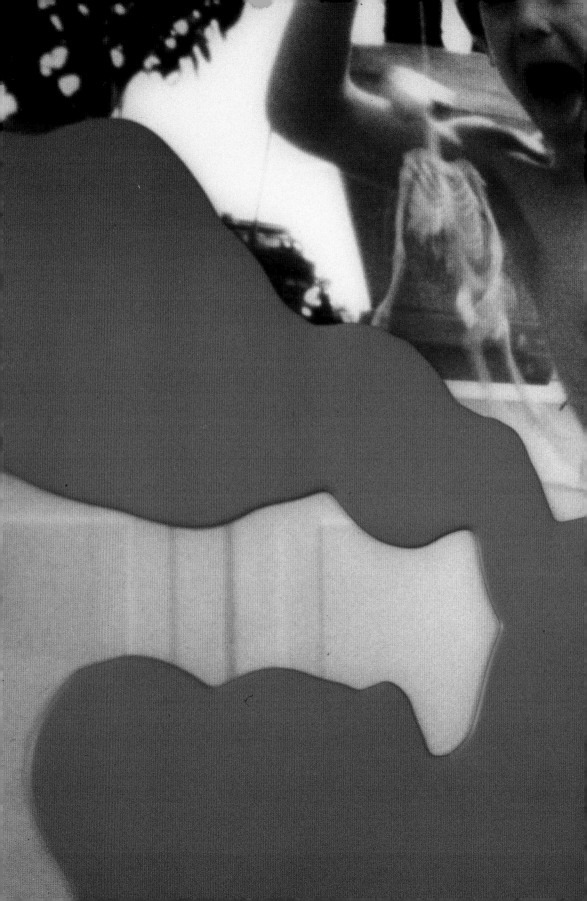

Z.T. (details), 1993
Acryl, foto, plexiglas
112 x 173 x 21 cm

Z.T. 1997
Mixed media
135 x 185 x 147 cm

Z.T. 1996
Acryl op aluminium, foto, glas
ca. 200 x 220 x 120 cm

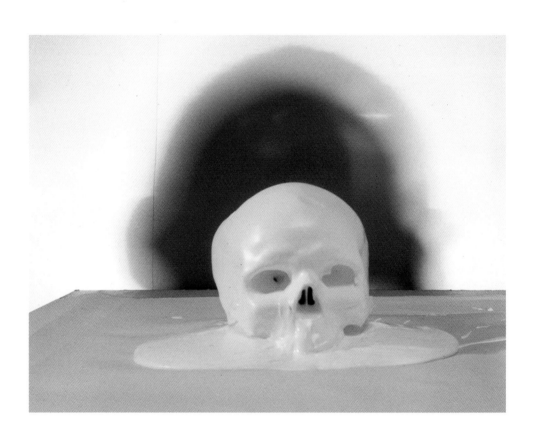

Z.T. 1997
Foto, acryl op aluminium
120 x 194 x 11 cm

Narcisse Tordoir

Mechelen, 1954.
Woont en werkt te Antwerpen
Lives and works in Antwerp

Solotentoonstellingen
One man exhibitions

1980 • Associates, Enschede
1981 • 121 Art Gallery, Antwerpen
1983 • Art & Project, Amsterdam
      • 121 Art Gallery, Antwerpen (cat.)
1984 • Vereniging voor het museum van hedendaagse
        kunst, Gent
1985 • Galerie Plus-Kern, Brussel
      • Galerie 't Venster, Rotterdam
1986 • Galerie De Lege Ruimte, Brugge
1987 • 121 Art Gallery, Antwerpen
      • Paleis voor Schone Kunsten, Brussel (cat.)
1988 • Art & Project, Amsterdam
      • Gallery Laure Genillard, London
      • 43e Bienale di Venezia, Venezia (cat.)
1989 • Galerie Joost Declerq, Gent
      • The Douglas Hyde Gallery, Dublin (cat.)
1990 • Galerie Joost Declerq, Knokke
1991 • Galerie Joost Declerq, Gent
      • Galerie Onrust, Amsterdam
1993 • Galerie Annette De Keyser, Antwerpen
      • Galerie Onrust, Amsterdam
1994 • Link, The Contemporary Art Company, Den Haag
1995 • De Watertoren, Vlissingen
1996 • Vive la Peinture, l'Aquarium, galerie d'Ecole
        Valenciennes
      • Galerie Onrust, Amsterdam
1997 • N.T.Z.T., Centraal Museum, Utrecht (cat.)

Groepstentoonstellingen
Group exhibitions

1977 • Performance Art, Galerie New Reform, Aalst
     • Performance Art, R.H.O.K., Brussel
     • Performance Art, Stadsarchief, Kassel
1978 • Today's Place, The Registry Gallery, San Francisco
1979 • The Many Faces of Modern Art, Old House,
       Brentwood
1980 • A Week of Informations about Selforganisations,
       Kleiner Ausstellungsraum, Hamburg
1981 • Picturaal 1, Recente schilderkunst in Vlaanderen,
       ICC, Antwerpen (cat.)
1982 • Het picturaal verlangen/Le désir pictural,
       Galerie Isy Brachot, Brussel (cat.)
     • De magie van het beeld/La magie de l'image,
       Vereniging voor tentoonstellingen van het Paleis
       voor Schone Kunsten, Brussel
     • PMMK Aanwinsten 1979-1982, Provinciaal
       Museum voor Moderne Kunst, Oostende
1983 • Jonge Kunstenaars uit het Antwerpse,
       Museum Dhont-Dhaenens, Deurle (cat.)
1984 • Jonge Kunstenaars uit Vlaanderen,
       Kredietbank, Brussel
     • Le musée de voyage, Espace 251 Nord, Liège
1985 • Le musée de voyage, Kruisherencomplex,
       Maastricht
     • Beelden in de Plancius, Art & Project, Amsterdam
     • Noodzaken, een collectie jonge kunst, Kaketoe,
       Turnhout (cat.)
     • Art Belge 85, Palais des Congrès, Brussel
1986 • 6 Young Flemish Artists, Art Society of
       the International Monetary Fund, Washington (cat.)
     • Abstraction '86, 121 Art Gallery, Antwerpen
     • Een keuze, KunstRAI, Amsterdam
     • Initiatief 86, Sint-Pietersabdij, Gent (cat.)
     • Portraits de scène, l'Ile de Phoques, Casa Frollo,
       Venezia/Portraits de scène, Musée d'Ansembourg,
       Liège
1987 • Studio Massimi, Roma
     • Déconstruction, Hallen van Schaarbeek, Brussel
     • Omtrent Tekenkunst, Sint-Lukasgalerij, Brussel
1988 • Gran Pavese, The Flag Project, MUHKA,
       Antwerpen (cat.)
     • De verzameling/The collection, MUHKA,
       Antwerpen (cat.)
1989 • Jack Tilton Gallery, New York (cat.)
1990 • Ponton Temse (cat.)
     • Beelden Buiten, Tielt (cat.)
     • Belgique, une nouvelle génération,
       FRAC du Pays de la Loire, Clisson (cat.)
     • Beeldenstorm 1990, MUHKA,

Antwerpen/De Beyerd, Breda (cat.)
     • De Pictura, Galerie Bruges la Morte, Brugge
1991 • Luc Deleu, Guy Rombouts-Monika Droste,
       Narcisse Tordoir, Rijksmuseum Kröller-Müller,
       Otterlo (cat.)
1992 • Galerie De expeditie, Amsterdam
     • Woord en Beeld in de Belgische Kunst van a tot z,
       MUHKA, Antwerpen (cat.)
1993 • Kunst in België na 1980/L'Art en Belgique depuis
       1980, Museum voor Moderne Kunst, Brussel (cat.)
1994 • Galerie Onrust, Amsterdam
1995 • De Verzameling, MUHKA, Antwerpen
     • Tim Ayers, Narcisse Tordoir, Alan Uglow,
       Galerie Onrust, Amsterdam
     • Hidden Collections/Verborgen Collecties, PTT,
       Den Haag
1996 • François Curlet, Michel François, Han Schuil,
       Narcisse Tordoir, Galerie Fortlaan 17, Gent

Artikelen en kritieken
Articles and reviews

- Wim Beeren en Els van Odijk, 'Narcisse Tordoir,
  Een kunstwerk voor het KNSM-eiland, Amsterdam',
  Werkgroep Kunst IJ-Oevers 1994
- Johan Vanbergen, 'Narcisse Tordoir 1987-1993',
  Ludion 1995
- Marc Callewaert, 'ICC presenteert recente schilderkunst
  in Vlaanderen. Schilderen kan weer', Gazet van Antwerpen,
  25-26 april 1981
- Effervel, 'L'art pictural récent en Flandre',
  La Semaine d'Anvers, 1 mei 1981
- Robert Melders, 'Tordoir, de nieuwe barbaar',
  De Standaard, 13 oktober 1981
- Paul de Vree, 'Antwerpse galerijen en hun omgeving',
  Arttribune, 7 mei 1981
- Hektor Waterschoot, 'De come-back van het ICC', Knack,
  6 mei 1981
- Flor Bex, 'New Paintings in Belgium, a new attitude
  toward the creative process and the fascination of
  the image', Flash Art, nr. 109, 1982
- Hilde van Pelt, 'Schilderen zonder schuilen',
  Kunstbeeld in Vlaanderen vandaag, 1981
- Wim van Mulders, 'Narcisse Tordoir', Kunst Nu,
  september 1984
- Wim van Mulders, 'Narcisse Tordoir', Artforum, nr. 3, 1984
- Hilde Peleman en Kristin de Glas, 'Chronique Anversoise,
  Narcisse Tordoir', Metropolis M, nr. 2, 1985
- Florent Minne, 'Tordoirs fascinerende eenvoud',
  De Standaard, 23 oktober 1985
- Din Pieters, 'Narcisse Tordoir', NRC, 29 november 1985
- Jos van den Bergh, 'De inventaris van Narcisse Tordoir',
  Knack, 25 mei 1986
- Martijn van Nieuwenhuyzen, 'Narcisse Tordoir', Flash Art,
  nr. 126, 1986
- Ludo Bekkers, 'Narcisse Tordoir, Inventarisatie van
  gegevens en gevoelens', Kunstbeeld, mei 1987
- Jan Braet, 'Daar is het sleutelgat! Waar is de sleutel? -
  de beeldencomposities van Narcisse Tordoir', Knack,
  10 juni 1987
- Christine Bral, 'Narcisse Tordoir', Metropolis M,
  nr. 4, 1987
- Luk Lambrecht, 'Haaks', Knack Weekend, 12 april 1989
- Gabrielle Schleijppen, 'Narcisse Tordoir se joue de notre
  manière de voir', Avenue, april 1990
- Luk Lambrecht, 'Evolutie', Knack Weekend,
  20 maart 1991
- Stella Lohaus, 'Narcisse Tordoir', Kunst en Cultuur,
  nr. 9, 1993
- Marc Ruyters, 'Antwerpse Vloed', Knack Weekend,
  6 oktober 1993
- Luk Lambrecht, 'Over gedachten, die hun gang gaan',
  perstekst tentoonstelling Watertoren, Vlissingen, 1995
- Antonio Guzman, 'Narcisse Tordoir', Artpress,
  september 1996
- Antonio Guzman, 'Narcisse Tordoir, Comme les volets
  d'unretable ouvert', Omnibus, januari 1997

Colofon
Credits

Redactie
Editor
Narcisse Tordoir
Marja Bosma

Auteur
Author
Bert Jansen

Fotografie
Photography
Niels Donckers, Luc Wauman, Piet Ysabie, Ditmar Bollaert,
Dirk Gysels, Pjerpol Rubens, Philippe Degobert,
Huy Obyn, Paul De Jong, Hein Hage, Narcisse Tordoir,
Thomas Widdershoven

Beeldredactie
Picture editing
Thomas Widdershoven & Richard van der Laken

Ontwerp
Design
Studio Gonnissen en Widdershoven & De Designpolitie

Vertaling
Translation
Donald Gardner, Amsterdam

Drukkerij
Printer
drukkerij Waanders, Zwolle

Uitgave
Published
Agnietenreeks, september 1997

Uitgever
Publisher
Centraal Museum
postbus 2106
NL-3500 GC Utrecht
tel: 0031-30-2362362
fax: 0031-30-2332006

ISBN 90-73285-48-8

Copyright 1997:
De auteur, de fotografen en het Centraal Museum
The author, photographers and the Centraal Museum

De afgebeelde werken zijn eigendom van
The works are owned by
Art & Project, NL Slootdorp; Collectie BACOB, Brussel;
FRAC du Pays de la Loire, Nantes; Kröller-Müller Museum,
Otterlo; Collectie Mis, Brussel; Otto L. Schaap, Amsterdam;
E. & A. Tob, Antwerpen; Verzameling G.C. Bout; Provinciaal
Museum voor Moderne Kunst, Oostende; Verzameling
Vlaamse Gemeenschap; Centraal Museum, Utrecht en
Narcisse Tordoir

Met dank aan Narcisse Tordoir
Special thanks to Narcisse Tordoir

Deze publicatie is mede mogelijk gemaakt door de Vlaamse
Gemeenschap
This publication is sponsored by de Vlaamse Gemeenschap

De Agnieten Reeks wordt uitgegeven door het Centraal
Museum.
titel 1: *Van Aalmoes tot AOW, zes eeuwen ouderenzorg in
een Nederlandse stad*, Renger de Bruin, Mieke Heurneman,
Frank van der Veeke, 1996
titel 2: *Madonna met wilde rozen en een selectie van zes-
tiende- en zeventiende-eeuwse meesterwerken uit Utrecht*,
Liesbeth M. Helmus, 1997
titel 3: *Het Beste van Wim T. Schippers*, Harry Ruhé, 1997
titel 4: *N.T.Z.T.*, Narcisse Tordoir, 1997

Alle eerste honderd exemplaren zijn genummerd
The first one hundred copies are numbered.
Dit exemplaar is nr SR-TR
This copy is no. SR-TR

C C
 C
C C
centraal
museum